DIE ESSENZ DER YOGA-LEHRE

Yoga Vasishta Sara

Inhalt

Yoga Vasishta Sara

Das Brihat (das große) Yoga Vasishta oder Yoga Vasishta Maha Ramayana, wie es auch genannt wird, ist ein Werk von ungefähr 32000 Sanskritversen und wird der Tradition gemäß Valmiki, dem Autor des Srimad Ramayana, zugeschrieben. Es ist ein Dialog zwischen dem Weisen Vasishta und Sri Rama, in welchem Advaita (die Lehre von der Dualitätslosigkeit) in ihrer reinsten Form des Ajatavada (der Theorie der Nicht-Erschaffung) erläutert wird, mit illustrativen Geschichten dazwischen. Dieses ungeheure Werk wurde vor einigen Jahrhunderten von Abhinanda Pandita, einem Gelehrten aus Kaschmir, auf 6000 Verse verkürzt, welche Laghu (das kleine) Yoga-Vasishta genannt werden. Dies ist selbst ein Meisterwerk, wie das originale Brihat.

Eine weitere Verkürzung dieses Werkes auf ungefähr 230 Verse wurde vor langer Zeit von einem unbekannten Autor durchgeführt. Sie wurden in zehn Kapitel unterteilt und Yoga Vasishta Sara benannt.

Erstes Kapitel:

Leidenschafts-losigkeit

Verehrung jener stillen Pracht, die endlos und durch Raum und Zeit nicht begrenzt ist, dem reinen Bewusstsein, das durch eigene Erkenntnis erfahren werden kann.

*

Weder jemand, der vollkommen unwissend, noch jemand, der wissend ist, ist qualifiziert diese Schrift zu studieren. Nur derjenige, der von sich denkt "Ich bin nicht frei, ich muss frei werden", ist berechtigt sie zu studieren.

*

So lange jemand nicht bestimmt vom Höchsten Sein gesegnet ist, wird er weder den richtigen Lehrer noch die richtige Schrift finden.

So wie man ein verlässliches Boot von einem Schiffer bekommt, so wird auch die Methode für die Überquerung des Ozeans der Weltverhaftung durch Kontakt mit großen Seelen erlernt.

＊

Das wirksame Heilmittel für die lange währende Krankheit der Weltverhaftung ist die Selbsterforschung durch Fragen wie "Wer bin ich?", "Wer ist von dieser Weltverhaftung betroffen?", welche jene vollständig heilt.

＊

Kein Tag sollte an einem Ort verbracht werden, der nicht den Baum eines wahren Wissenden mit seinen guten Früchten und seinem kühlen Schatten besitzt.

Die Nähe der Weisen sollte selbst dann gesucht werden, wenn sie nicht lehren. Sogar ihre müßigen Äußerungen enthalten Weisheit.

✳

Der Umgang mit Weisen verwandelt Leere in Fülle, Tod in Unsterblichkeit und Missgeschick in Wohlergehen.

✳

Wenn die Weisen ausschließlich auf ihr eigenes Wohlergehen bedacht wären, bei wem könnten dann jene, die von den Leiden der Weltverhaftung geplagt sind, Zuflucht suchen?

✳

Das, was einem würdigen, leidenschaftslos gewordenem Schüler vermittelt wird, ist die wahre Weisheit; es ist die wahre Bedeutung der Heiligen Schriften und es ist auch die ganze Weisheit.

Den gebräuchlichen Methoden des Lehrens zu folgen dient nur der Aufrechterhaltung der Tradition. Reines Bewusstsein ist nur das Ergebnis der Klarheit der Erkenntnis des Schülers.

✳

Das Göttliche kann nicht mit Hilfe der Heiligen Schriften oder des Lehrers verwirklicht werden. Das kosmische Selbst wird vom individuellen Selbst durch den reinen Geist verwirklicht.

✳

Alle Künste des Menschen gehen durch Mangel an Übung verloren, aber diese Kunst der Weisheit wächst stetig wenn sie einmal zum Vorschein kommt.

So wie ein Schmuckstück, das um den Hals getragen wird, aus Vergesslichkeit als verloren gegangen betrachtet wird und wiedererlangt ist, wenn man diesen Fehler erkannt hat, so wird auch das Selbst verwirklicht, wenn die Selbsttäuschung durch die Unterweisung des Lehrers beseitigt ist.

❋

Er ist wirklich ein bedauernswerter Mensch der, weil er sein eigenes Selbst nicht kennt, Vergnügen an Sinnesobjekten findet, wie einer, der zu spät erkennt, dass die von ihm gegessene Nahrung giftig war.

❋

Der pervertierte Mensch der sogar dann noch an Sinnesobjekte denkt, nachdem er sie als trügerisch erkannt hat, ist ein Esel und kein Mensch.

Selbst der leiseste Anflug von Gedanken bringt einem Menschen Kummer; frei von allen Gedanken erfreut er sich unvergänglicher Wonne.

＊

So wie wir in Selbsttäuschung hunderte von Jahren in einem einstündigen Traum erleben, so erleben wir auch das Spiel der Illusion in unserem Wachzustand.

＊

Ein glücklicher Mensch ist der, dessen Geist innerlich gelassen und frei von Zuneigung und Abneigung ist, und der diese Welt wie ein bloßer Zuschauer betrachtet.

Wer es richtig verstanden hat von allen Vorstellungen der Zuneigung und der Abneigung abzulassen und wer das Bewusstsein, das im innersten Herzen ist, verwirklicht hat, dessen Leben ist bedeutend.

＊

Wenn Töpfe zerbrochen werden, dann wird der Raum den sie beinhalten unbegrenzt. Wenn Körper auf die gleiche Art aufhören zu existieren, so verbleibt das Selbst ewig und unverhaftet.

＊

Gar nichts wird irgendwo zu irgendeiner Zeit geboren und nichts stirbt. Es ist einzig das Eine Sein das trügerisch in der Form der Welt erscheint.

Das Selbst ist weiter als Raum; es ist rein, subtil, unvergänglich und glorreich. Wie könnte es also geboren werden und wie könnte es sterben?

✳

All dies ist das unveränderliche Eine, ohne Anfang, Mitte oder Ende, das weder als existierend, noch als nicht-existierend beschrieben werden kann. Wisse das und sei glücklich.

✳

Es ist besser in den Straßen der Verstoßenen mit einer Bettelschale in der Hand umherzuwandern, als ein mit Unwissenheit durchdrungenes Leben zu führen.

Zweites Kapitel:

Die Unwirklichkeit der Welt

Weltverhaftung entsteht, wenn der Geist aktiv wird und hört auf, wenn er bewegungslos ist. Mache deshalb den Geist durch Beherrschung des Atems und der latent vorhandenen geistigen Prägungen bewegungslos.

✳

Diese unnütze Vorstellung der Weltverhaftung ist aus der eigenen Einbildungskraft entstanden und vergeht bei Abwesenheit der Einbildung. Es ist sicher, dass sie absolut gehaltlos ist.

✳

Die Vorstellung einer lebenden Schlange in einem Ding, das einer Schlange ähnelt, wird aufgegeben, wenn man die Wahrheit erkennt. Auf ähnliche Art hört die Vorstellung der Weltverhaftung auf, wenn man die Wahrheit erkennt, selbst wenn sie nach wie vor vorhanden ist.

Dieses langlebige Phantom der Welt-verhaftung, das die Schöpfung des irregeführten Geistes des Menschen und der Grund für seine Leiden ist, verschwindet, wenn man es tiefgründig untersucht.

✳

Die Illusion ist solcher Natur, dass sie durch ihre eigene Zerstörung Freude verursacht; sie hört sogar zu existieren auf während sie wahrgenommen wird.

✳

Wirklich wunderbar ist diese Illusion, welche die ganze Welt täuscht. Sie ist der Grund dafür, dass das Selbst nicht wahrgenommen wird, obwohl es doch alle Teile des Körpers durchdringt.

Was auch immer wahrgenommen wird, existiert nicht wirklich als solches. Es ist wie die mythische Stadt der Himmlischen oder wie eine Fata Morgana, eine Luftspiegelung.

✳

Das was nicht wahrgenommen wird, obwohl es in uns ist, wird das ewige und unzerstörbare Selbst genannt.

✳

So wie die Bäume am Rande eines Sees im Wasser reflektiert werden, so werden auch alle diese verschiedenen Objekte in dem gewaltigen Spiegel unseres Bewusstseins reflektiert.

✳

Diese Schöpfung, die nur ein Spiel des Bewusstseins ist, entsteht wie die täuschende Wahrnehmung eines Seils als Schlange, wenn man die wahre Sachlage nicht kennt, und endet wenn man die Tatsachen erkennt.

Obwohl Verhaftung an sich nicht existiert, so wird sie doch durch den Wunsch nach weltlichen Freuden bekräftigt; wenn dieser Wunsch abklingt, so wird die Verhaftung schwach.

✳

So wie sich Wellen aus dem Ozean erheben, so erhebt sich der unstete Geist aus der ungeheuren und unbewegten Weite des Höchsten Seins.

✳

Durch das, was immer aus eigenem Antrieb, schnell und uneingeschränkt Vorstellungen erschafft, geschieht es, dass diese magische Welterscheinung im Wachzustand hervorgerufen wird.

Obwohl diese Welt nicht real ist, scheint sie zu existieren und ist der Grund für lebenslanges Leiden eines unwissenden Menschen, so wie ein eingebildetes Gespenst für einen Jungen Grund zur Furcht ist.

※

Jemand der Gold nicht kennt, sieht nur ein Schmuckstück. Er denkt überhaupt nicht daran, dass es eigentlich nur Gold ist.

※

Ähnlich sind Städte, Häuser, Berge, Schlangen usf. für die Augen eines unwissenden Menschen getrennte Objekte. Vom absoluten Standpunkt aus gesehen ist diese objektive Welt das Subjekt, das Selbst, selbst; sie existiert nicht gesondert vom Selbst.

Die Welt ist für einen unwissenden Menschen voller Elend und für einen Wissenden voller Freude. Die Welt ist für einen Blinden dunkel und für einen Sehenden erfüllt von Licht.

❋

Die Freude eines Menschen mit Unterscheidungsvermögen, der Weltverhaftung überwunden und alle geistigen Vorstellungsgebilde verworfen hat, nimmt ständig zu.

❋

So wie Wolken, die unvermittelt am klaren Himmel erscheinen und sich unvermittelt wieder auflösen, so erscheint das ganze Universum im Höchsten Sein und löst sich wieder darin auf.

Wer die Sonnenstrahlen als nichts anderes als die Sonne ansieht und erkennt, dass sie die Sonne selbst sind, wird als einer, der ohne trennende Unterscheidung ist, bezeichnet.

✳

So wie das Tuch, das untersucht wird, erkennen lässt, dass es nichts anderes als Faser ist, so wird auch diese Welt, wenn man sie untersucht, als nichts anderes als das Selbst erkannt.

✳

Diese faszinierende Welt erhebt sich wie eine Welle in dem himmlischen Ozean des Bewusstseins und löst sich darin auf. Wie kann sie dann im mittleren Zustand, wenn sie geformt ist, verschieden vom Bewusstsein sein?

So wie der Schaum, die Wellen, die Gischt und die Wasserblasen nicht vom Wasser verschieden sind, so ist auch diese Welt, welche aus dem Selbst hervorgegangen ist, nicht verschieden vom Selbst.

✳

So wie ein Baum, der aus Früchten, Blättern, Ranken, Blüten, Ästen, Zweigen und Wurzeln besteht, im Samen des Baumes existiert, so existiert auch diese offenbarte Welt im Höchsten Sein.

✳

So wie der Tontopf letztendlich wieder zu Lehm wird, Wellen wieder zu Wasser werden und Schmuckstücke ungeformtes Gold ergeben, so kehrt auch diese Welt, die aus dem Selbst entstand, letztendlich zum Selbst zurück.

Die Schlange erscheint, wenn einer ein Seil nicht als solches wahrnimmt; sie verschwindet, wenn er das Seil als ein solches wahrnimmt. Genauso erscheint diese Welt, wenn das Selbst nicht als solches angesehen wird; sie verschwindet, wenn das Selbst als solches angesehen wird.

✳

Nur unser Vergessen des für die Augen nicht wahrnehmbaren Selbstes lässt die Welt erscheinen, so wie das Nicht-Erkennen eines Seils die Schlange erscheinen lässt.

✳

So wie der Traum im Wachzustand und der Wachzustand im Traum unwirklich werden, so wird auch der Tod in der Geburt und die Geburt im Tod unwirklich.

Drittes Kapitel:

Die Merkmale eines Befreiten

Selbsterkenntnis ist das Feuer, welches das trockene Gras der Wünsche verbrennt. Das ist es, was wirklich als Versenkung bezeichnet wird, nicht bloßes Aufhören zu sprechen.

＊

Wer erkennt, dass das ganze Universum wirklich nichts als Bewusstsein ist und deshalb unberührt bleibt, ist durch den Harnisch des Höchsten Seins beschützt; er ist glücklich.

＊

Der Yogi, der den Zustand, welcher jenseits von allem liegt, erreicht hat, und der immer so kühl wie der Vollmond bleibt, ist wirklich im Höchsten Zustand.

Wer in seinem innersten Herzen über die wahre Bedeutung der Schriften, die vom Höchsten Sein handeln, nachsinnt und von Freude und Leid unberührt bleibt, wird nicht von der Weltverhaftung geplagt.

❋

So wie Vögel und Tiere nicht auf einem in Flammen stehenden Berg Unterschlupf suchen, so kommen dem, der das Höchste Sein verwirklicht hat, nie üble Gedanken in den Sinn.

❋

Ebenso wie törichte Menschen, machen auch Weise andere gelegentlich ärgerlich, aber sie tun es nur um ihre Fähigkeit der Kontrolle ihrer natürlichen Impulse zu prüfen, um sozusagen zu sehen, wie weit der Ärger anderer Personen sie berührt.

So wie das Zittern des Körpers, das durch die eingebildete Schlange verursacht wurde, sogar nach der Erkenntnis, das da gar keine Schlange ist, für einige Zeit andauert, so dauert auch die Auswirkung der Täuschung einige Zeit an, sogar nach völliger Beseitigung aller Täuschung.

❋

So wie ein Kristall nicht von dem, was in ihm reflektiert wird, befleckt wird, so wird auch ein Wissender nicht wirklich von den Folgen seiner Handlung berührt.

❋

Selbst wenn er eifrig auf äußere Handlungen bedacht ist, bleibt der Wissende innerlich verankert und äußerst ruhig, so wie ein Schlafender.

Fest überzeugt davon, dass getrenntes Sein nicht existiert und sich an vollständigem geistigen Frieden erfreuend, gehen Yogis ihren Werken nach, wobei sie die Welt so betrachten, als wäre sie ein Traum.

＊

Mag der Tod zu ihm, dem Wissenden, heute oder am Ende von Zeitaltern kommen; er bleibt unbefleckt wie Gold, das im Schmutz vergraben ist.

＊

Er mag seinen Körper an einer heiligen Stätte oder im Hause eines Verstoßenen verlassen; er, der ohne Wunsch ist, ist im gleichen Augenblick, in welchem er das Wissen um das Höchste Sein erlangt, befreit.

Der Wissende ist, wie ein leeres Gefäß im Raum, innerlich wie auch äußerlich leer, während er gleichzeitig innerlich und äußerlich voll ist wie ein Gefäß, das im Ozean untergetaucht ist.

✳

Wer die von ihm wahrgenommenen Objekte weder als anziehend noch als abstoßend empfindet, und wer in dieser Welt wie ein Schlafender agiert, wird als Befreiter bezeichnet.

✳

Wer frei von den Verstrickungen des Wünschens ist, und wessen Zweifel zur Ruhe gekommen sind, der ist befreit, selbst wenn er im Körper ist. Obwohl er als verhaftet erscheinen mag, so ist er doch frei. Er ist wie ein nicht flackerndes Licht in einem Bildnis.

Wer mit Leichtigkeit alle seine egoistischen Neigungen abgestreift hat und selbst das Objekt der Meditation hinter sich gelassen hat, wird als Befreiter bezeichnet, selbst wenn er im Körper weilt.

✳

Wer verwandtschaftliche Beziehungen nicht als solche bestätigt, wer Verhaftung wie eine Schlange fürchtet, wer Sinnesfreuden und Krankheiten als gleichwertig betrachtet, wer geschlechtlichen Beziehungen keine große Bedeutung zugesteht und wer keinen Unterschied zwischen Freund und Feind sieht, erfährt in dieser Welt und der nächsten höchste Freude.

Wer alle gegenständlichen Wahrneh-
mungen aus seinem Geist verbannt,
vollständige Reglosigkeit erlangt und
still wie der Raum bleibt, von Leid
unberührt, ist ein befreiter Mensch; er
ist das Höchste Sein.

＊

Der großherzige Mensch, dessen
Wünsche des Herzens ihr Ende gefunden haben, ist ein befreiter Mensch; es
macht keinen Unterschied ob er nun
Meditation übt oder nicht, oder ob er
handelt oder nicht.

＊

Die Vorstellung des Selbstes im
Nicht-Selbst ist Verhaftung; sie aufzu-
geben ist Befreiung. Es gibt weder Verhaftung noch Befreiung für das immer
freie Selbst.

Wenn der Geist durch das Wissen, dass die Objekte der Wahrnehmung nicht wirklich als solche an sich existieren, ganz frei von ihnen ist, dann resultiert daraus die höchste Freude der Befreiung.

✳

Alle vorhandenen Prägungen auszulöschen wird von den Weisen als die beste Methode der Befreiung bezeichnet; dies ist auch die Methode ohne Fehler.

✳

Befreiung ist nicht auf der anderen Seite des Himmels zu finden, sie ist auch nicht in den niederen Welten und auch nicht auf der Erde; die Auslöschung des Geistes als Ergebnis der Überwindung aller Wünsche wird als Befreiung betrachtet.

Es gibt keinen Intellekt, keine Unwissenheit, keinen Geist und keine Einzelseele; sie alle sind Wahrnehmungsformationen im Höchsten Sein.

✺

Wo ist die Frage der Verhaftung oder der Befreiung für den, der in dem ruht, das unendlich, reines Bewusstsein, höchste Freude und uneingeschränkte Einheit ist und der erkennt, dass kein zweites getrenntes Sein existiert.

✺

Der Geist hat sich durch seine eigene Aktivität der Verhaftung unterworfen; wenn er reglos ist, ist er frei.

Viertes Kapitel:

Die Auflösung des Geistes

Ungeteiltes Bewusstsein stellt sich selbst begehrenswerte Objekte vor und strebt nach ihnen. Dann wird es als Geist bezeichnet.

✳

Aus diesem allgegenwärtigen und allmächtigen Sein entstand, wie Wellen im Wasser, die Fähigkeit der Vorstellung von getrennten Objekten.

✳

So wie Feuer, das vom Wind angefacht wird, durch ebensolchen Wind ausgelöscht wird, so wird auch das, was aus der Vorstellung geboren wird, durch Vorstellung selbst zerstört.

✳

Der Geist kam, aufgrund von Vergessen, durch diese Vorstellung ins Dasein. Wie die Erfahrung des eigenen Todes im Traum, so vergeht diese, wenn sie genau untersucht wird.

Die Vorstellung des Selbstes in dem, was nicht das Selbst an sich ist, rührt von falschem Verständnis her. Die Vorstellung der Wirklichkeit in dem, was an und für sich unwirklich ist, erkenne als den Geist.

✳

"Das ist Er", "Ich bin Dieses", "Das ist Mein" - solche Vorstellungen machen den Geist aus; er löst sich auf, wenn man tief über diese, nicht der Wahrheit entsprechenden Vorstellungen, nachsinnt.

✳

Gewisse Dinge anzuziehen und andere abzuweisen ist die Natur des Geistes; dies ist Verhaftung, nichts anderes.

Der Geist ist der Schöpfer der Welt;
der Geist ist das Individuum; nur was
der Geist tut wird als getan betrachtet,
nicht das was der Körper tut. Der selbe
Arm, mit dem man die Frau umarmt,
ist auch der, mit der man die Tochter
umarmt.

＊

Der Geist ist der Grund der Wahrnehmung von Objekten. Die drei
Welten hängen von ihm ab. Wenn er
aufgelöst ist, so ist auch die Welt aufgelöst. Er muss durch Bemühung ge-
reinigt werden.

＊

Der Geist ist durch gespeicherte
Eindrücke verhaftet. Wenn keine
Eindrücke vorhanden sind so ist er frei.
Führe deshalb durch Unterscheidungsvermögen schnell den Zustand
herbei, in dem es keine Eindrücke
gibt.

So wie ein Wolkenstreifen den Mond oder ein Tintenfleck eine weißgetünchte Wand zu beflecken scheinen, so befleckt auch der böse Geist des Begehrens den inneren Menschen.

✳

Wer mit nach innen gerichtetem Geist alle drei Welten wie Stroh als Opfergabe in das Feuer der Erkenntnis wirft, wird frei von den Täuschungen des Geistes.

✳

Wenn jemand die wirkliche Wahrheit über Anziehung und Abweisung kennt und an nichts denkt, sondern in sich selbst ruht und allem entsagt, so tritt der Geist nicht ins Dasein.

Der Geist ist im Wachzustand kräftig, im Traumzustand sanft, im Tiefschlaf untätig und tot, wenn er in keinem dieser drei Zustände ist.

*

So wie sich das Pulver des Kataka-Samens, nachdem es den Schmutz im Wasser zum Niederschlag gebracht hat, im Wasser auflöst, so löst sich auch der Geist im Selbst auf, nachdem alle Eindrücke beseitigt sind.

*

Der Geist ist Verhaftung an die Welt; der Geist wird auch als Fessel bezeichnet; der Körper wird vom Geist in Tätigkeit gesetzt, so wie ein Baum vom Wind bewegt wird.

*

Schämt sich der Narr nicht, sich in der Welt nach eigenem Gutdünken herumzutreiben und über Meditation zu sprechen, wenn er noch nicht einmal den eigenen Geist im Griff hat?

Das Einzige, das überwunden werden muss, ist der Geist. Seine Überwindung führt zur Erlangung von allem. Ohne seine Überwindung sind alle anderen Bemühungen fruchtlos.

✳

Unerschütterlich zu sein ist die Grundlage für Segnung. Man erlangt dadurch Befreiung. Für menschliche Wesen ist sogar die Eroberung der drei Welten, ohne die Überwindung des Geistes, so unbedeutend wie es ein Grashalm ist.

✳

Umgang mit den Weisen, Aufgabe der inneren Prägungen, Selbsterforschung, Atemkontrolle; dies sind die Mittel zur Überwindung des Geistes.

Der Geist wird durch das Denken von "Ich bin nicht das Höchste Sein" verhaftet; er wird durch das Denken von "Ich bin das Höchste Sein" vollständig befreit.

✳

Wenn der Geist aufgelöst wurde, so ist alles, was der Dualität angehört oder allein für sich besteht, aufgelöst. Was danach verbleibt, ist das Höchste Sein: friedvoll, ewig und frei von Leid.

✳

Es gibt nichts was der höchsten Freude gleicht, die ein Mensch mit reinem Geist fühlt, der den Zustand reinen Bewusstseins erlangt und dadurch den Tod überwunden hat.

Fünftes Kapitel:

Die Auslöschung innerer Prägungen

Die Erforschung des Selbstes auf die Art und Weise von "Wer bin Ich?" ist das Feuer, das die Samen des schlechten Baumes, welcher der Geist ist, verbrennt.

※

So wie der Wind die Ranken in einem Bild nicht bewegt, so wird jemand nicht von Heimsuchungen bewegt, dessen Verstehen durch Beständigkeit gekräftigt und immer im Spiegel der Erforschung reflektiert ist.

※

Die Wissenden verkünden, dass Erforschung der Wahrheit des Selbstes Erkenntnis ist. Was es zu wissen gibt, ist darin beinhaltet wie Wohlgeschmack in der Milch.

※

Für einen, der das Selbst durch Erforschung verwirklicht hat, sind die Gottheiten Objekte des Mitleids.

Für einen, der Gefallen an der Erforschung von Fragen wie "Was ist dieses weite Universum?" und "Wer bin Ich?" findet, für den wird diese Welt recht unwirklich.

✳

So wie für jemanden, der eine Luftspiegelung als solche erkennt, die Vorstellung von Wasser in einer Luftspiegelung nicht entsteht, so entstehen auch keine inneren Prägungen in einem, dessen Unwissenheit durch die Verwirklichung, dass alles das Höchste Sein ist, zerstört wurde.

✳

Durch die Auslöschung von inneren Prägungen oder durch die Kontrolle des Atems hört der Geist auf, der Geist zu sein. Übe, was immer du bevorzugst.

Schätze den Umgang mit Weisen und die wahren Schriften; du wirst den Zustand des Höchsten Bewusstseins nicht nach Monaten, sondern nach Tagen erlangen.

✳

Innere Prägungen hören auf aktiv zu sein, wenn man mit Weisen verkehrt, alle weltbezogenen Gedanken verwirft und daran denkt, dass dieser Körper sterben muss.

✳

Sogar unwissende Menschen verwandeln, durch die Festigkeit ihrer Überzeugung, Gift in Nektar und Nektar in Gift.

✳

Wenn dieser Körper als wirklich betrachtet wird, dann dient er dem Zweck eines Körpers; aber wenn er als unwirklich betrachtet wird, dann wird er gehaltlos wie Raum.

Während du auf einem weichen Bett liegst, wanderst du mit einem Traumkörper in alle möglichen Richtungen; aber wo ist nun, im Wachzustand, jener Körper?

✳

Wenn der Sucher nur an das Höchste Sein denkt und unbewegt und frei von Leiden bleibt, dann stirbt seine Egozentrik von selbst.

✳

Wenn einer überall das Einssein aller Dinge verwirklicht, dann bleibt er immer ausgeglichen, innerlich gelassen und rein wie Raum, ohne dem Gefühl des "Ich".

Wenn man innerlich gelassen ist, so wird die ganze Welt gelassen sein, aber wenn man innerlich aufgewühlt ist, so wird die ganze Welt eine brodelnde Masse sein.

Sechstes Kapitel:

Meditation über das Selbst

Ich, das reine, unbefleckte und unendliche Bewusstsein jenseits der Illusion, betrachte diesen Körper in Aktivität wie den Körper eines anderen.

※

Der Geist, der Intellekt, die Sinne usw. sind alle das Spiel von Bewusstsein. Sie sind an und für sich unwirklich und sie erscheinen nur aufgrund von Mangel an Verständnis.

※

Unbewegt durch ungünstige Umstände, ein Freund der ganzen Welt im Wohlergehen, ohne Vorstellung über Sein oder Nicht-Sein, lebe ich frei von Nöten.

※

Ich bin ohne Aktivität, wunschlos, klar wie der Himmel, frei von Verlangen, reglos, formlos, immerwährend und bewegungslos.

Ich habe nun klar verstanden, dass die fünf Elemente, die drei Welten und ich selbst Reines Bewusstsein sind.

✳

Ich stehe über allem; ich bin überall gegenwärtig; ich bin das, was wirklich existiert; darüber hinaus kann ich nichts mehr sagen.

✳

Lasst imaginäre Universumswellen sich in mir, der ich der Ozean des unendlichen Bewusstseins bin, erheben oder senken; es gibt keine Zunahme oder Verminderung in mir.

✳

Wie wunderbar ist es, dass sich in mir, dem unendlichen Ozean des Bewusstseins, Wellen von individuellen Seelen erheben, für eine Weile ihre Spiele spielen und gemäß ihrer Natur verschwinden.

Die Welt, die aufgrund meiner Unkenntnis ins Dasein gekommen ist, hat sich auch solchermaßen wieder in mir aufgelöst. Ich erfahre nun direkt die Welt als höchste Freude des Bewusstseins.

＊

Ich beuge mich vor mir selbst, der ich in allem Sein bin, das immerdar freie Selbst, das als inneres Bewusstsein existiert.

Siebentes Kapitel:

Die Methode der Läuterung

Sei nach außen hin tätig, aber innerlich untätig, nach außen hin ein Handelnder, aber innerlich ein Nicht-Handelnder, und spiele so deine Rolle in der Welt.

※

Lass innerlich von allem Begehren ab, sei frei von Verhaftungen und latenten Eindrücken; tue äußerlich alles und spiele so deine Rolle in der Welt.

※

Mache dir einen umfassenden Standpunkt zu eigen, der durch die Aufgabe aller Objekte der Kontemplation gekennzeichnet ist, lebe in deinem ursprünglichen Selbst, sogar als Lebender befreit, und spiele so deine Rolle in der Welt.

Verbrenne den Wald der Getrenntheit mit dem Feuer der Überzeugung: "Ich bin das Eine Reine Bewusstsein", und sei glücklich.

❋

Du bist an allen Seiten fest durch die Vorstellung verhaftet: "Ich bin der Körper". Entzweie diese Fessel durch das Schwert der Erkenntnis: "Ich bin Bewusstsein", und sei glücklich.

❋

Indem du die Verhaftung an das Nicht-Selbst aufgibst und die Welt als ungeteiltes Ganzes betrachtest, verbleibe, konzentriert und mit nach innen gerichteter Aufmerksamkeit, als Reines Bewusstsein.

❋

Verbleibe immer als Reines Bewusstsein, welches deine wahre Natur jenseits der Zustände des Wachens, des Traumes und des Tiefschlafes ist.

Sei immer frei von geistigen Gedankengebilden wie der Kern eines Felsens, aber nicht so bewusstlos.

✳

Sei nicht das, was geistig erfasst wird, auch nicht der, der es erfasst. Gib alle Formen des Erfassens auf, und sei das was du bist.

✳

Eliminiere ein Konzept durch ein anderes und den Geist durch den Geist und verweile im Selbst. Ist das so schwierig?

✳

Mache dem Geist, der durch seine Sorgen rotglühend geworden ist, mit dem Geist, der durch das Studium der Schriften wie Eisen geschärft ist, ein Ende.

Was hast du mit diesem trägen und stumpfen Körper zu tun? Warum fühlst du dich wegen ihm hilflos und elend durch Freude und Leid?

✳

Welch ein Unterschied besteht zwischen dem Fleisch, Blut usw. die den Körper ausmachen und dir, der Verkörperung des Bewusstseins! Warum gibst du, selbst nachdem du dies erkannt hast, nicht die Vorstellung des Selbstes in diesem Körper auf?

✳

Das bloße Wissen darum, dass dieser Körper wie ein Holzklotz oder ein Erdklumpen ist, ermöglicht einem das Höchste Sein zu verwirklichen.

✳

Wie befremdend ist es, dass, während das wahre Höchste Sein von den Menschen vergessen ist, das Unwirkliche, Unwissenheit genannt, für sie sehr wirklich zu sein scheint.

Es ist weiters befremdend, dass, während das Höchste Sein von den Menschen vergessen ist, die Vorstellung "Dies ist mein", Unwissenheit genannt, sie so sehr gefangen nimmt.

＊

Wenn du deine Arbeit tust, so tue sie ohne Anhaften, genauso wie ein Kristall, der die Objekte vor ihm reflektiert, aber von ihnen nicht verändert wird.

＊

Die Überzeugung, dass alles das Höchste Eine Sein ist, führt einen zur Befreiung. Deshalb weise die Vorstellung der Dualität, welche Unwissenheit ist, gänzlich zurück; weise sie gänzlich zurück.

Achtes Kapitel:

Die Verehrung des Selbstes

Wenn du dich vom Körper absonderst und frei im Bewusstsein weilst, so wirst du Eines, die einzige Wirklichkeit, werden, wobei alles andere so unbedeutend wie Gras erscheinen wird.

✳

Nachdem du das kennst, durch welches du diese Welt kennst, wende den Geist nach innen und dann wirst du klar den Glanz des Selbstes wahrnehmen.

✳

Das, durch welches du Klang, Geschmack, Form und Geruch wahrnehmen kannst, erkenne als dein Selbst, das Höchste Eine Sein, das Höchste von allem Hohen.

✳

Das, in welchem Wesen schwingen, das, was sie erschafft, dieses Selbst erkenne als dein wahres Selbst.

Was als Reines Bewusstsein verbleibt, nachdem alles, was als Unwirk-
lichkeit erkenntlich ist, durch Unter-
scheidungskraft zurückgewiesen
wurde, betrachte als dein wahres
Selbst.

❋

Erkenntnis ist nicht von dir
getrennt und das, was erkannt wurde,
ist von der Erkenntnis nicht getrennt;
daher gibt es nichts anderes als das
Selbst, nichts, was von ihm getrennt
ist.

❋

Alles, was von den verschiedenen
Gottheiten getan wird, wird von mir
getan, der Verkörperung des Bewusstseins; denke auf diese Art und
Weise.

Ich bin das ganze Universum; ich bin das unvergängliche Höchste Sein; es gibt weder Vergangenheit noch Zukunft unabhängig von mir - denke auf diese Art und Weise.

*

Alles ist das Eine Höchste Sein, Reines Bewusstsein, das Selbst aller, unteilbar und unveränderlich - denke auf diese Art und Weise.

*

Es gibt weder ein "Ich" noch irgendein anderes Ding; nur das Eine Höchste Sein existiert, immer voll Freude, überall - meditiere darüber in Ruhe.

*

Die Empfindung vom Wahrnehmenden und des Wahrgenommenen ist allen verkörperten Wesen gemein; aber der Yogi verehrt das Eine Selbst.

Neuntes Kapitel:

Darlegung des Selbstes

Wenn dieses Konglomerat von Körper, Sinnen usw. aus eigenem Antrieb handelt, dann entsteht eine Vorstellung wie "Ich bin das". Das ist das durch den Schmutz der Unwissenheit befleckte Individuum.

✳

Wenn die Überzeugung unerschütterlich wird, dass alles das alles durchdringende Bewusstsein ist, so findet das Individuum ein Ende, so wie eine Lampe, deren Öl zur Neige gegangen ist.

✳

Wie ein fehlgeleiteter nobler Mensch, der seine eigene Vornehmheit aufgibt und das Leben eines gering geachteten führt, so nimmt das Höchste die Rolle des Individuums an.

So wie ein Kind eine eigene Fanta-
sieerscheinung sieht, so erschafft das
törichte Individuum, aufgrund von
Täuschung, diesen unwirklichen Körper.

✳

Ein Kind stellt sich einen wirklichen
Elefanten in einem Tonelefanten vor
und spielt damit; genauso stellt sich
ein unwissender Mensch den Körper
als das Selbst vor und handelt mit
ihm.

✳

Das Abbild einer Schlange erzeugt
keine Furcht vor einer Schlange, wenn
man erkennt, dass es nur ein Abbild
ist. Wenn auf ähnliche Weise die Indi-
viduum-Schlange klar erkannt wird,
dann gibt es weder Not noch die Ursa-
chen von Not.

Die Schlange, die fälschlich anstelle einer Girlande wahrgenommen wird, löst sich in ihr auf; so löst sich auch die Empfindung der Getrenntheit, die vom Selbst ausging, im Selbst auf.

✳

Obwohl Schmuckstücke als viele verschiedene erscheinen, so sind sie doch als Gold Eines. Obwohl die Attribute auf ähnliche Weise viele sind, so ist das Selbst in Wirklichkeit Eines.

✳

Wie die Organe des Körpers und verschiedene Formen aus Ton, so erscheint Einheit als Vielfalt in der Form von beweglichen und unbeweglichen Objekten.

✳

So wie ein einziges Gesicht in einem Kristall als mehrere gespiegelt wird, so wird auch das Eine Selbst in vielen Intellekten reflektiert.

So wie der Himmel durch Staub, Rauch und Wolken verunreinigt zu sein scheint, so erscheint auch das Reine Selbst in Verbindung mit den Eigenschaften der Illusion als durch sie beschmutzt.

✳

So wie Metall im Kontakt mit Feuer die Eigenschaft des Feuers, nämlich Hitze, erwirbt, so erwerben auch die Sinne im Kontakt mit dem Selbst die Eigenschaften des Selbstes.

✳

So wie der unsichtbare Planet Rahu sichtbar wird, wenn er in den Mondbereich eintritt, so wird auch das Selbst durch die Wahrnehmung von Wahrnehmungsobjekten erkennbar.

Wenn Feuer und Wasser zusammenkommen, dann erwerben sie jeweils
die Eigenschaften des anderen vonein-
ander. Auch wenn das Selbst und der
träge Körper zusammenkommen, so
erscheint das Selbst wie das Nicht-
Selbst und das Nicht-Selbst wie das
Selbst.

＊

So wie Feuer, das in eine große
Menge Wasser geworfen wird, seine
Eigenschaft verliert, so scheint auch
Bewusstsein im Kontakt mit dem
Unwirklichen und dem Trägen seine
wahre Natur zu verlieren und wird
träge.

＊

Das Selbst wird, so wie man Zucker
aus Zuckerrohr, Eisen aus Erz usw.,
gewinnt, nur durch Bemühung im
Körper verwirklicht.

Wie der Himmel, der in einem unge-
brochenen Kristall gesehen wird, so
existiert das Höchste Sein, dessen
Natur Bewusstsein ist, in allen
Dingen.

*

So wie eine große Lampe, die in
einem Gefäß aus Edelsteinen steht,
durch ihr Licht sowohl das Innen wie
auch das Außen erhellt, so erhellt auch
das Eine Selbst alles.

*

So wie die Spiegelung der Sonne in
einem Spiegel andere Dinge erhellt, so
erhellt auch die Spiegelung des
Selbstes im reinen Intellekt andere
Dinge.

Das Selbst ist ohne Anfang und Ende. Es ist unveränderliches Sein und Bewusstsein. Es manifestiert Raum, es ist der Ursprung des Individuums und ist erhabener als das Erhabenste.

✳

Das Selbst ist Reines Bewusstsein, ewig, allgegenwärtig, unveränderlich und selbst-erstrahlend wie das Licht der Sonne.

✳

Das allgegenwärtige Selbst, das Substrat von allem, ist ununterschieden von dem strahlenden Bewusstsein wie Hitze vom Feuer. Es kann nur erfahren werden, nicht gekannt.

Reines Bewusstsein ohne Intellekt, das Höchste Selbst, das alles Erhellende, das Unteilbare, das Innen und Außen Durchdringende, ist die beständige Grundlage von allem.

✳

Das Selbst ist absolutes Bewusstsein. Es ist reines Gewahrsein, unvergänglich, frei von allen Vorstellungen der Anziehung und der Abweisung und nicht durch Raum, Zeit oder Art begrenzt.

✳

So wie Luft alles im Universum durchdringt, so weilt auch das Selbst, das Höchste, körperlos in allem.

✳

Das Bewusstsein, das in der Ausdehnung der Erde, in den Firmamenten, im Himmel und in der Sonne existiert, existiert auch in den Würmern, die in ihren unterirdischen Gehäusen sind.

Es gibt weder Verhaftung noch Befreiung, weder Vielzahl noch Einheit. Es gibt nur das Höchste Sein, das immer als Bewusstsein erstrahlt.

*

Gewahrsein ist das Höchste Sein; die Welt ist das Höchste Sein; die verschiedenen Elemente sind das Höchste Sein; ich bin das Höchste Sein; mein Feind ist das Höchste Sein; meine Freunde und Verwandten sind das Höchste Sein.

*

Die Vorstellung eines Bewusstseins und eines Objektes des Bewusstseins ist Verhaftung; frei davon sein ist Befreiung. Bewusstsein, das Objekt des Bewusstseins und alles andere ist das Selbst; das ist der Kernpunkt aller spiritueller Philosophien.

Es gibt hier nur Bewusstsein; dieses Universum ist nichts als Bewusstsein; du bist Bewusstsein; ich bin Bewusstsein, die Welten sind Bewusstsein - das ist die Schlussfolgerung.

✳

Das, was existiert und ausstrahlt, ist alles das Selbst; alles andere, das ausgestrahlt erscheint, existiert nicht wirklich. Bewusstsein erstrahlt durch sich selbst. Vorstellungen von Wahrnehmendem und Wahrgenommenem sind müßige Formulierungen.

Zehntes Kapitel:

Befreiung

Höchste Freude kann nicht durch Kontakte der Sinne mit Sinnesobjekten erfahren werden. Der höchste Zustand ist der, in welchem der Geist durch ungeteilte Selbsterforschung sein Ende gefunden hat.

*

Die Freude, die vom Kontakt der Sinne mit Sinnesobjekten herrührt, ist geringwertig. Kontakt mit den Sinnesobjekten ist Verhaftung; frei davon zu sein ist Befreiung.

*

Erlange den reinen Zustand zwischen Sein und Nicht-Sein und halte daran fest. Akzeptiere oder lehne die innere oder die äußere Welt nicht ab.

Die Vorstellung von Wahrnehmendem, Wahrgenommenem und Wahrnehmung gemeinsam mit latenten
Wünschen der Vergangenheit aufge-
bend, meditieren wir über das Selbst,
welches das ursprüngliche Licht ist,
das die Grundlage der Wahrnehmung
ist.

✳

Wir meditieren über das ewige
Selbst, das Licht der Lichter, welches
zwischen den zwei Vorstellungen des
Seins und des Nicht-Seins liegt.

✳

Wenn einer über den Zustand, der
am Ende des Wachzustandes und dem
Beginn des Traumzustandes auftritt,
meditiert, dann wird er direkt unvergängliche Freude erfahren.

Der felsengleiche Zustand, in welchem alle Gedanken still sind, und der von den Wach- und Traumzuständen verschieden ist, ist der eigene Höchste Zustand.

✳

Wie Ton in einem Tontopf existiert das Höchste, das Sein und raumähnliches Bewusstsein ist, überall ungeteilt.

✳

Das Selbst leuchtet durch sich selbst als der Eine Unbegrenzte Ozean des Bewusstseins, der durch Gedankenwellen bewegt wird.

✳

So, wie der Ozean nichts als Wasser ist, so ist die ganze Welt der Dinge nichts als Bewusstsein, das alle Bereiche wie der unendliche Raum füllt.

Das Höchste Sein und Raum sind sich in Bezug auf ihre Unsichtbarkeit, Allgegenwart und Unzerstörbarkeit ähnlich, doch das Höchste Sein ist auch Bewusstsein.

*

All dies ist wahrlich das Höchste Sein; all dies ist das Selbst. Zerteile das Höchste Sein nicht in "Ich bin eines" und "das ist ein anderes".

*

Sobald verwirklicht ist, dass das Höchste Sein alldurchdringend und unteilbar ist, wird diese weite Welterscheinung als das Höchste Sein erkannt.

*

Wer verwirklicht, das alles das Höchste Sein ist, wird wahrlich das Höchste Sein; wer würde nicht unsterblich, wenn er Nektar trinken würde?

Wenn du weise bist, würdest du das Höchste Sein durch eine solche Überzeugung werden; wenn du es nicht bist, so würde es nutzlos wie Opfergaben, die auf Asche geworfen werden, sein, selbst wenn es wiederholt erklärt würde.

✺

Sogar wenn du die wirkliche Wahrheit erfahren hast, musst du immer üben. Wasser wird nicht durch bloßes sprechen des Wortes "Kataka-Frucht", welche Wasser zu klären vermag, klar.

✺

Wenn einer die feste Überzeugung "Ich bin das Höchste Sein, das unvergängliche Eine" hat, ist er befreit; im anderen Fall bleibt er gebunden.

Nachdem alles als "nicht dieses", "nicht jenes" eliminiert wurde, verbleibt das Höchste Sein, welches nicht eliminiert werden kann. Denke "Ich bin das" und sei glücklich.

＊

Sei immer bewusst, dass das Selbst das Höchste Sein ist, eines und ganz. Wie kann das, was unteilbar ist, in "Ich bin der Meditierende" und "das andere ist das Objekt der Meditation" geteilt werden?

＊

Wenn einer "Ich bin Reines Bewusstsein" denkt, so wird es Meditation genannt und wenn selbst der Gedanke der Meditation vergessen ist, so ist es Versenkung.

Der andauernde Fluss geistiger Konzepte, die sich auf das Höchste Sein beziehen, ohne dem Empfinden des "Ich", erlangt durch intensive Übung der Selbsterforschung, wird Versenkung mit Objekt genannt.

※

Lass gewaltige Winde, die das Ende eines Zeitalters charakterisieren, stürmen; lasse alle Ozeane sich vereinigen; lasse die zwölf Sonnen gleichzeitig herabbrennen; trotzdem entsteht dem, dessen Geist ein Ende gefunden hat, kein Schaden.

※

Das Bewusstsein, das der Zeuge der Entstehung und des Vergehens aller Wesen ist, erkenne als den unsterblichen Zustand höchster Freude.

Jedes sich bewegende oder unbewegliche Ding, was auch immer, ist nur ein Objekt, das durch den Geist visualisiert wird. Wenn der Geist ein Ende gefunden hat, so wird Dualität nicht wahrgenommen.

*

Das, was unveränderlich, stetig und hervorragend ist, das, in welchem die Welt existiert, das, was sich als veränderliche und unveränderliche Objekte manifestiert – das ist das Eine Bewusstsein.

*

Bevor die Schlange die Haut abwirft, betrachtet sie diese als sich selbst zugehörig, aber wenn die Schlange sie einmal in ihrem Loch abgeworfen hat, dann sieht sie die Haut nicht mehr als sich selbst zugehörig an.

Wer sowohl das Gute wie auch das Schlechte transzendiert hat, sieht nicht, wie ein Kind, von verbotenen Handlungen ab, weil er sie als ein Vergehen empfindet und auch tut er nicht was vorgeschrieben ist, weil es verdienstvoll ist.

*

So wie eine Statue in einem Steinblock enthalten ist, auch wenn sie nicht tatsächlich herausgehauen wurde, so existiert auch die Welt im Höchsten Sein. Deshalb ist der Höchste Zustand keine Leere.

*

So wie von einem Steinblock gesagt wird, dass er keine Statue ist, wenn sie nicht tatsächlich herausgehauen wurde, so wird auch das Höchste Sein als Leere bezeichnet wenn es frei von Weltenerscheinung ist.

So wie von stillem Wasser gesagt werden mag, dass es Wellen beinhaltet oder nicht beinhaltet, so mag auch vom Höchsten Sein gesagt werden, das es die Welt beinhaltet oder nicht beinhaltet. Es ist weder Leere noch Existenz.